Roberta Giommi - Marcello Perrotta

Programma di EDUCAZIONE SESSUALE

3-6 anni

presentato da
Willy Pasini

illustrazioni di Giulia Orecchia
vignette di Alberto Rebori

MASCHI E FEMMINE
IL MIO CORPO
IO E IL MONDO
COME SONO NATO
A CHI ASSOMIGLIO?

MONDADORI

AI LETTORI

Sono lieto e onorato di presentare il *Programma di educazione sessuale* realizzato dai colleghi ed amici Roberta Giommi e Marcello Perrotta. Esso rappresenta, senza ombra di dubbio, quanto di meglio esista oggi a disposizione dei genitori e degli educatori che si sentono coinvolti nel campo affascinante e controverso dell'educazione sessuale.
In attesa di leggi che fissino i termini dell'educazione sessuale nelle scuole, lo sviluppo armonioso della personalità dei bimbi, dei ragazzi, degli adolescenti resta delegato soprattutto alla responsabilità familiare.
I 4 volumi che fanno parte di questo Programma, magnificamente illustrati e dal testo ricco e misurato, rappresentano per i lettori delle valide lezioni, degli strumenti a cui ricorrere, delle ragioni per discutere e confrontarsi. Il contenuto di ogni volume è finalizzato alle diverse fasce di età, e alterna informazioni scientifiche a risposte stimolanti e prove divertenti, per dare alle curiosità dei ragazzi il giusto peso e le corrette conferme. Diceva giustamente Natalia Ginzburg che «non si può insegnare la sessualità come l'analisi logica»: un comportamento considerato intimo in un contesto affettuoso e privato, può diventare intrusivo e violento quando viene imposto nei modi e tempi sbagliati. I nostri ragazzi hanno curiosità e stimoli sessuali a ogni età, e genitori accorti non possono non rilevarli, a meno di guardare senza voler vedere e senza voler capire. Forse molti adulti, leggendo questi libri, rimpiangeranno di non aver ricevuto da giovani informazioni così valide e rassicuranti, forse ancora oggi, diventati genitori, c'è del disagio nel pur legittimo desiderio di offrire ai figli le migliori risposte possibili. Se il mestiere di genitore è uno dei più difficili, quello di mediatori delle curiosità infantili è ancora più delicato. Al di là di informazioni sessuali "tecniche", in questo campo si trasmettono valori e principi, la concezione della responsabilità ma anche del piacere e della libertà.
Ai giovanissimi lettori vorrei dire che la curiosità sessuale fa parte della vita, e non è a priori morbosa. Se non vi è possibile risolvere i vostri dubbi da soli o tra voi, rivolgetevi agli adulti di cui avete fiducia, leggete questi libri insieme e insieme fate i giochi proposti.

Professor WILLY PASINI
Fondatore della Federazione Europea di Sessuologia

Gli Autori e l'Editore ringraziano Tullia Colombo
per la collaborazione prestata alla realizzazione
del Programma di Educazione Sessuale

Progetto grafico originale di Federico Maggioni

www.ragazzimondadori.it

© 1992 Arnoldo Mondadori Editore S.p.A., Milano
Prima edizione aprile 1992
Nuova edizione aggiornata ottobre 2011 - Undicesima ristampa marzo 2013
Stampato presso ELCOGRAF S.p.A. - Via Mondadori, 15 - Verona
Printed in Italy
ISBN 978-88-04-35821-3

INTRODUZIONE

La sessualità non è solo un fatto naturale, è anche e soprattutto un fatto culturale, e come tale chiama in gioco le relazioni tra gli individui, va a toccare il mondo delle emozioni e delle conoscenze.

I genitori e gli adulti hanno spesso scelto il silenzio su questo argomento, senza considerare che il silenzio è esso stesso un modo di comunicare che, proprio per il fatto che "di sessualità non si può parlare", crea censure e tabù e condiziona in senso negativo i processi di crescita.

Approfittando del silenzio degli adulti, prendono voce, al contrario, i cento messaggi del mondo esterno, che facilmente passa contenuti e informazioni sbagliate, paurose o straordinarie.

Parlare di sessualità, invece, consente agli adulti di dare buone informazioni e di aiutare i ragazzi a inserire la sessualità nel progetto di vita, come progetto di benessere.

Abbiamo pensato di iniziare il Programma di educazione sessuale *partendo dai piccolissimi perché l'informazione è utile in ogni momento della crescita, e perché offrire strumenti di conoscenza adeguati all'età consente di creare un "terreno" culturale favorevole e pronto ad accogliere successive informazioni via via più approfondite.*

Nei bambini il corpo è lo strumento privilegiato nella loro conoscenza del mondo, e un sereno e aperto confronto con le emozioni e le sensazioni che esso produce è il presupposto per costruire un'affettività e una socialità positive anche per il futuro.

Il libro inizia con il capitolo "Maschi e femmine", che stimola i bambini a riflettere sugli aspetti culturali ed emotivi della differenza fra i sessi, proponendo semplici osservazioni che vanno di pari passo con la naturale esperienza che a quell'età si compie nella conoscenza di sé e del proprio corpo.

La curiosità dei bambini sulla differenza sessuale trova ulteriori risposte nel secondo capitolo, "Il mio corpo", che presenta le prime, essenziali informazioni sugli organi genitali del bambino e della bambina e sulle modificazioni che avvengono nel corpo durante la crescita.

Il terzo capitolo, "Io e il mondo", introduce nuovi stimoli di riflessione sulle esperienze di relazione affettiva ed emotiva. Anche da piccoli è infatti utile cominciare a legare sensazioni e sentimenti e imparare le regole del rapporto con l'altro.

La procreazione è un argomento fonte di curiosità anche per i bambini più piccoli, sia per le esperienze che essi possono vivere direttamente (la nascita di un fratellino o di una sorellina, o di un cucciolo), sia per il fascino di un evento da cui, già nella prima infanzia, i bambini vengono attratti. Il quarto capitolo, "Come sono nato", illustra pertanto la procreazione partendo dallo scambio affettuoso tra due persone. Curiosità dei piccoli e informazioni essenziali e comprensibili compongono questo testo.

Ma un libro è anche uno straordinario veicolo di relazioni tra adulto e bambino; con un libro si crea un filo diretto fatto di trasmissione di conoscenze, ma anche di scambio di esperienze emotive e affettive.

Noi immaginiamo che gli adulti coinvolti insieme con i piccoli nella lettura di questo libro possano utilizzare la relazione calda e positiva che hanno con questi ultimi per passare tutte le informazioni di cui possono disporre con serenità e tranquillità, ma anche con competenza e completezza.

Sarà compito dell'adulto creare un clima emotivo particolarmente gradevole nell'utilizzare questo Programma di educazione sessuale.

Accanto al linguaggio chiaro e positivo che il testo suggerisce, l'adulto potrà far tesoro del proprio rapporto affettivo con il bambino affinché proprio il bambino possa essere il protagonista di questo itinerario di conoscenze sulla sessualità, con un continuo riferimento alle sue esperienze e alla sua realtà.

Per favorire questa relazione tra adulto e piccolo lettore, il volume appare come un grande libro illustrato, da leggere e guardare insieme, e accanto alle illustrazioni e ai messaggi presenta uno spazio per i giochi.

Sarà attraverso il gioco che gli adulti rafforzeranno la serenità del clima emotivo e potranno verificare il passaggio dell'informazione.

Negli ultimi anni si è reso necessario unire all'educazione alla sessualità anche l'educazione alla difesa e la competenza delle bambine e dei bambini a difendersi dalle molestie e dalle violenze sessuali. I riquadri intitolati "Imparare a difendersi" inseriti nel capitolo "Io e il mondo" e i giochi utili per imparare a difendersi, posti a corollario del capitolo medesimo, devono essere usati dagli adulti per presentare questi fatti in modo chiaro, senza passare però un messaggio di terrore o di diffidenza. Non possiamo creare dei bambini e delle bambine spaventati di tutto, perché altrimenti saranno ancora più incapaci di difendersi.

Un altro fenomeno che abbiamo pensato di mettere all'attenzione dei grandi è costituito dalla pornografia e dalla presenza eccessiva di immagini sessuali ed eccitanti nella televisione. Gli adulti devono parlare con i bambini di questi problemi, mettere delle regole, offrire dei consigli. Le bambine e i bambini possono essere attratti da tutto quello che è proibito o che non si dovrebbe sentire o vedere: lo si capisce molto bene quando imparano le parolacce e le ripetono continuamente proprio perché sono proibite.

Un altro problema che va considerato è che i bambini di oggi, pur essendo costantemente sotto il controllo degli adulti (insegnanti, operatori dello sport, baby-sitter e altri), vivono in una società complessa, con molti fenomeni di aggressione e sfruttamento e spesso con pochi legami con l'ambiente sociale circostante. Non esiste più la dimensione del paese e del quartiere. Dare informazioni sulla pedofilia ci è sembrato necessario, così come fornire esempi, perché gli adulti siano in grado di insegnare ai bambini a diventare capaci di proteggersi e di chiedere aiuto.

ROBERTA GIOMMI
MARCELLO PERROTTA

Il giorno della tua nascita, la prima cosa che la mamma e il papà hanno saputo di te è se eri nato maschio o femmina.

Maschi e femmine

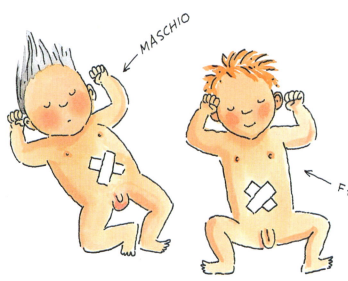

Tutti gli esseri umani, in base al loro sesso, si dividono in maschi e femmine. Anche gli animali si differenziano tra loro in base ai loro organi genitali, e, come è stato per te, appena un cucciolo nasce possiamo sapere se è maschio o femmina.

Crescendo, nel corpo dei maschi e delle femmine avvengono dei cambiamenti, negli esseri umani come negli animali: le gatte, ad esempio, se osservi bene, sono più piccole e sottili dei grossi maschi adulti. Così gli uomini hanno generalmente muscoli e corporatura più massiccia delle donne.

I maschi e le femmine degli animali si riconoscono e si comportano in modo differente in base al proprio istinto naturale, cioè la natura li guida nei loro comportamenti in modo diverso a seconda del loro sesso.

Noi umani, in base al nostro sesso, riceviamo in più
una serie di informazioni, di comportamenti,
di abitudini che i genitori o le persone che ci stanno
vicino ci danno o ci insegnano fin da quando siamo
piccolissimi.

Le bambine preferiscono giochi diversi
da quelli dei maschi e si vestono,
a volte, in modo differente.

Ma questi comportamenti possono cambiare, perché può cambiare il modo di stare insieme, il modo di giocare: ad alcune bambine, ad esempio, piace molto giocare a pallone, e ad alcuni bambini piace coccolare orsacchiotti o pupazzi di stoffa; a tutti piace molto andare in bicicletta, correre sui pattini a rotelle o dondolarsi sull'altalena...

*Disegna su un grande foglio
il tuo papà e la tua mamma.
Ora, intorno a ciascuno di loro,
disegna alcuni oggetti che usa
solo il papà (la cravatta,
il rasoio...) e altri che usa solo
la mamma (la borsetta,
il rossetto...).*

*Disegna tutto quello che fa
la mamma durante la giornata.
Su un altro foglio disegna
invece tutte le attività svolte
dal tuo papà. Metti i due fogli
vicini e osserva le differenze.*

Giochi

3

Guarda attentamente i disegni di questa pagina. Quali sono i giochi e le attività che fanno solo i bambini? E quelli che fanno solo le bambine?
Ora prova a disegnare tu: su un foglio riunisci i giochi che fanno solo i maschi, su un altro i giochi delle femmine e su un altro ancora i giochi che fate insieme maschi e femmine.

4

Prova a inventare una storia, con l'aiuto del papà e della mamma, dove i personaggi si scambiano i ruoli: i maschi fanno un lavoro, un gioco, un'attività femminile, e le femmine un lavoro, un gioco, un'attività maschile.

Un bambino e una bambina sono uguali fra loro? Prova a guardarti allo specchio: hai due gambe, due braccia, un viso e dei bei capelli esattamente come il tuo amico o la tua amica.

Un bambino e una bambina mangiano nello stesso modo, dormono sdraiati, corrono e saltano.

Il mio corpo

Però il bambino fa la pipì in modo diverso dalla bambina.

Il bambino fa in genere la pipì stando in piedi, la bambina preferisce stare seduta e per lei è più facile così. Maschio e femmina hanno organi genitali diversi: il bambino ha il pene e la bambina la vulva.

Sul pene c'è un forellino da dove esce la pipì, e il bambino stando in piedi può mandare la sua pipì diritta nel vasino.

Per far entrare la pipì nel suo vasino, la bambina deve avvicinarsi di più, stare seduta o accovacciarsi.

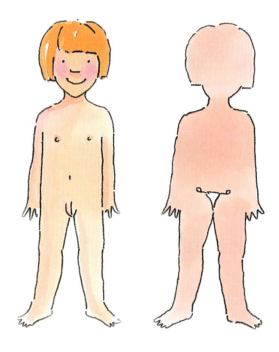
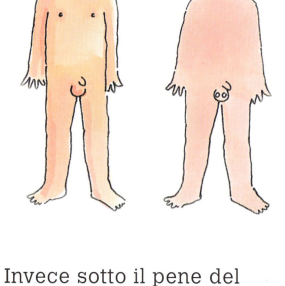

Nella bambina, infatti, il forellino da dove esce la pipì è più nascosto, si trova proprio in mezzo alla vulva.

La vulva è una fessura ben protetta da due pieghine, perché è molto delicata e oltre a quello della pipì contiene anche un altro buchino, che fa entrare nella vagina.

La vagina è un piccolo canale che mette in comunicazione con un altro organo, che non si vede perché è interno al corpo. Si chiama utero ed è fatto come un piccolo imbuto capovolto, poco più grande di una noce.

Invece sotto il pene del maschio c'è un sacchettino di pelle che contiene due ghiandole, i testicoli, dove si fabbricano delle sostanze molto utili al corpo.

Da quando eri piccolissimo a oggi sei molto cambiato, sei cresciuto, ti sai arrampicare e sai correre: il tuo corpo si è trasformato.

Man mano che crescerai ancora, nel tuo corpo avverranno altri cambiamenti importanti. Aumenterai ancora molto di statura e il tuo corpo diventerà più forte.

Nel passaggio da bambino a ragazzo, cambia la muscolatura, si allargano le spalle e il torace, cambia il tono della voce, crescono i peli e il pene diventa più grande.

Nel passaggio da bambina a ragazza, il bacino si allarga, i seni si sviluppano, i peli crescono sotto le ascelle e sul pube.

Il ragazzo e la ragazza stanno diventando un uomo e una donna adulti.

Un uomo e una donna possono decidere di volersi bene e di avere dei bambini. Il loro corpo è cambiato, possono avere rapporti sessuali e far nascere dei figli.

1

Cerca le tue foto, da quando eri appena nato fino a oggi. Disponile tutte davanti a te e osserva che cosa è cambiato nel tuo corpo.

2

Chiedi al papà e alla mamma di farti vedere le fotografie di quando erano bambini, ragazzi, adulti. Osserva i cambiamenti che sono avvenuti nel loro corpo, e le differenze tra il papà e la mamma nelle varie età.

Giochi

3

Sdraiati su un foglio di carta molto grande. Chiedi a un amico di disegnare con un grosso pennarello il contorno del tuo corpo. Poi tocca a lui sdraiarsi e a te tracciare la sagoma del suo corpo. Ora ritagliate le sagome e completatele disegnando voi stessi.

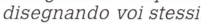

Il nostro corpo conosce
e comunica con tutto quello
che ci circonda: con le cose
e con le persone, con l'aria
e l'acqua, con gli animali
e le piante.

Io e il mondo

Con le mani possiamo toccare,
con il naso odorare,
con la bocca assaggiare,
con gli occhi guardare
e con le orecchie ascoltare:
il nostro corpo comunica
con il mondo attraverso
i sensi.

Usando i sensi possiamo provare delle emozioni, le cose o le persone che avviciniamo ci possono procurare sensazioni di piacere, oppure suscitare in noi sensazioni brutte o dolorose.

Ci può piacere toccare
un oggetto morbido e caldo,
ma dobbiamo togliere subito
la mano davanti a qualcosa
che ci fa male, come il fuoco.

Se una persona ci piace,
la cerchiamo, abbiamo voglia
di parlare con lei
e di starle vicino.

E come è bello avere una carezza,
rannicchiarsi in braccio a qualcuno
che ci vuole bene!

Anche a te piace parlare con il tuo amico o la tua amica, ascoltare la voce affettuosa di chi ti racconta una favola, farti prendere in braccio dalla mamma o dal papà quando vuoi un po' di coccole, accarezzare il pelo morbido del tuo micino.

DIFENDERSI E RISPETTARE

Devi imparare a considerare il tuo corpo come una proprietà personale. Se tu non lo desideri, gli altri non possono abbracciarti, stringerti, baciarti. Questo divieto vale anche per te: devi imparare a chiedere il permesso se desideri toccare gli altri bambini: «Posso baciarti? Posso abbracciarti?».

Ma se quel giorno il tuo gattino non ha voglia di carezze, che graffi ti sa dare!

IMPARARE A DIFENDERSI

Ci sono delle persone grandi che si prendono cura di te: il papà, la mamma, altre persone come i nonni, le baby-sitter, oppure il medico che ti visita quando non stai bene, che ti fa la puntura per la vaccinazione, il dentista che ti guarda dentro la bocca perché i tuoi denti possano crescere bene. Alcune di queste situazioni non ti piacciono troppo, fai i capricci, piangi, protesti, ma tuttavia sono necessarie per la tua crescita. Devi imparare a riconoscere le azioni che i grandi fanno per avere cura della tua salute e della tua educazione, che servono per la tua crescita, e i gesti che invece non ti convincono. Se c'è qualcosa che non ti sembra corretto, ne puoi parlare con un altro adulto che merita la tua fiducia.

A volte, quando vogliamo esprimere il nostro affetto, può capitare che in quel momento gli altri non lo desiderino.

Il cagnolino è stanco di essere continuamente preso in braccio; la tua amica ha voglia di giocare con qualcun altro.

E pure a te può capitare esattamente la stessa cosa.

Anche nell'esprimere l'affetto ci sono modi che procurano piacere e altri che danno fastidio, che non piacciono proprio.

Fa piacere ricevere un bacio, ma che fastidio quando qualcuno ti vuole a tutti i costi abbracciare mentre tu hai una gran voglia di correre a giocare!

Stare bene insieme è far capire agli altri cosa ci rende contenti. Star bene insieme è anche capire quali sono i desideri degli altri e rispettarli.

IMPARARE A DIFENDERSI

Ci sono anche adulti e ragazzi e ragazze più grandi di te che non fanno le cose giuste, che sbagliano, pensando di poter toccare il tuo corpo o di farsi accarezzare da te gli organi genitali, che vogliono toccarti il pene, o la vulva, che vogliono baciarti nella bocca, che ti stringono.
Devi imparare a NON RESTARE MAI DA SOLO con queste persone, devi avvicinarti a un altro adulto e chiedergli aiuto, devi scendere dalle loro ginocchia se ti tengono in braccio in modo strano, o se sono nudi. Devi dire forte NO e far capire che non sei contento. Tornare velocemente in mezzo agli altri e non farti più lasciare solo

1

Osserva le immagini: quale gesto sceglieresti tu per fare amicizia?

2

Quale colore ti piace di più guardare? Quale animale ti piace di più toccare? Quale cibo ti piace di più mangiare? Quale suono ti piace di più ascoltare? Quale profumo ti piace di più annusare? Ora prova tu a disegnare quello che ti piace di più: guardare, toccare, mangiare, ascoltare, annusare. Puoi provare anche con tutto quello che non ti piace.

3

Con l'aiuto del papà o della mamma cerca tutti gli oggetti dell'elenco e disponili davanti a te:
- *un batuffolo di cotone*
- *uno specchio*
- *un cuscino*
- *una spugna bagnata*
- *il batticarne*
- *il tagliere*
- *un cubetto di ghiaccio*

Ora cerca di riconoscerli toccandoli mentre tieni gli occhi chiusi. Scopri quali oggetti sono:
- *pesanti*
- *ruvidi*
- *umidi*
- *leggeri*
- *soffici*
- *lisci*
- *freddi*
- *duri*

IMPARARE A DIFENDERSI

Non devi mai accettare che ti tocchino i genitali, che ti chiedano di toccarli, che ti spoglino, che ti portino lontano dalle persone e dai luoghi che conosci.
Se ti dicono che quello che state facendo non lo devi dire a nessuno, se ti costringono a "promettere", tu devi subito cercare di tornare dalle persone che ti vogliono bene veramente e raccontare tutto: vedrai che sapranno aiutarti, e non spaventarti se ti fanno delle domande per essere sicuri del tuo racconto.

4 *In tutte queste immagini le persone si toccano. Non tutti i modi di toccarsi però sono uguali. Distingui dei modi "buoni", dei modi "cattivi" e dei modi "né buoni né cattivi" di toccarsi: quali sono?*

DIRE NO, GRIDARE NO, CHIEDERE AIUTO
- Al parco, un ragazzo più grande ti chiede di seguirlo lontano dai tuoi genitori. Tu gridi NO.
- Stai aspettando la mamma in macchina davanti al supermercato, si avvicina un signore che non conosci e ti chiede di aprire la portiera e seguirlo. Tu gridi NO e ti rifiuti di aprire.
- Al parco, un signore che non conosci ti viene vicino e ti offre giochi e dolci. Tu dici NO e corri dalla mamma.

Quando un uomo e una donna
si innamorano, si sentono
attratti l'uno dall'altra
e sono felici di stare da soli,
di chiacchierare, di guardarsi,
di giocare e ridere insieme.

Un uomo e una donna che sono innamorati
desiderano stare sempre insieme, provano
piacere ad accarezzarsi e ad abbracciarsi,
sentono il desiderio di fare l'amore.

Possono decidere di vivere insieme
e avere dei bambini.

Come sono nato

Quando un uomo e una donna fanno l'amore, essi possono avere
un bambino: è solo attraverso l'unione degli organi genitali maschili
e femminili, cioè attraverso l'atto sessuale, che può iniziare
una nuova vita.
Nell'atto sessuale il pene dell'uomo entra nella vagina della donna
e vi deposita un liquido, lo sperma.

Lo sperma contiene milioni
di spermatozoi (le cellule sessuali
maschili), ma solo uno di essi deve
raggiungere ed entrare nell'ovulo
della donna.
L'ovulo (la cellula sessuale femminile) è
come un piccolissimo uovo che la donna
contiene nei suoi organi genitali interni.

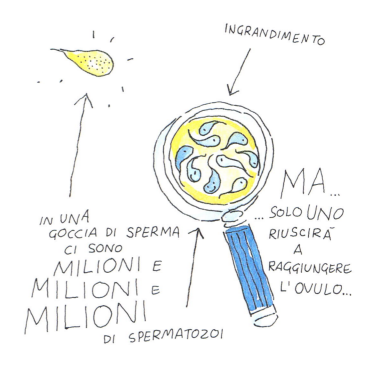

INGRANDIMENTO

IN UNA GOCCIA DI SPERMA CI SONO MILIONI E MILIONI E MILIONI DI SPERMATOZOI

MA... ...SOLO UNO RIUSCIRÀ A RAGGIUNGERE L'OVULO...

MAMMA, NON CI CREDO CHE MI HA PORTATO LA CICOGNA!

Non sempre succede che durante l'atto sessuale lo spermatozoo raggiunga l'ovulo, ma una volta che l'ovulo è stato fecondato esso si sviluppa nell'utero dando origine a una nuova vita.

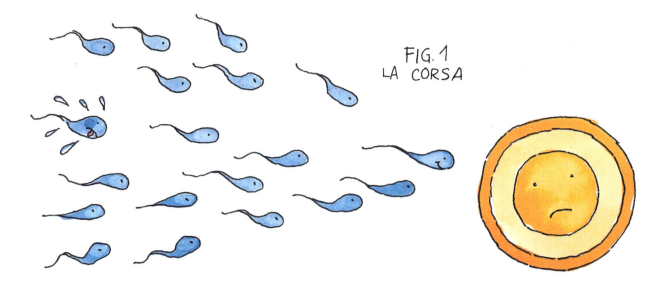

FIG. 1 LA CORSA

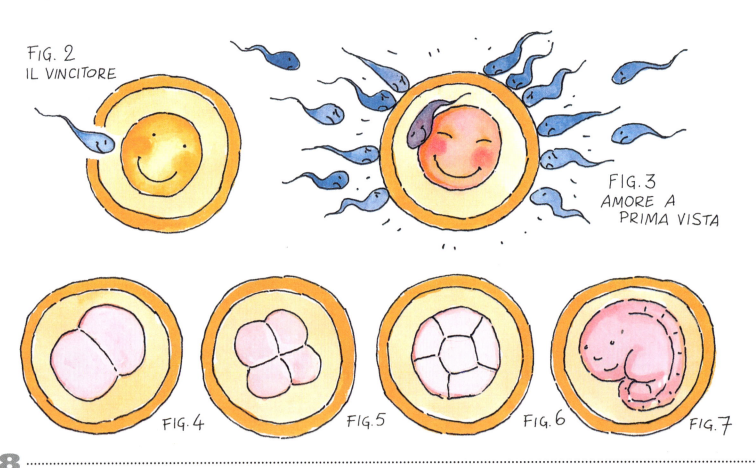

FIG. 2 IL VINCITORE

FIG. 3 AMORE A PRIMA VISTA

FIG. 4 FIG. 5 FIG. 6 FIG. 7

Il bambino che si sta formando crescerà nel ventre della mamma ben protetto nell'utero, che è come un nido per lui, perché è un organo molto elastico e cresce insieme a lui allargandosi per poterlo contenere.

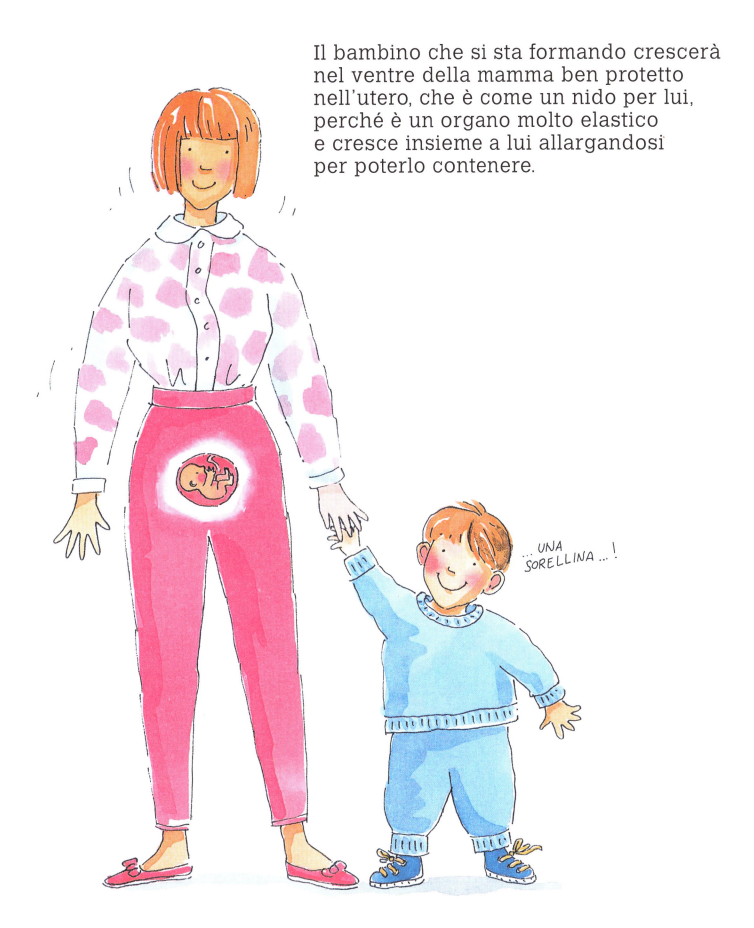

...UNA SORELLINA...!

Nell'utero della mamma, il bambino è avvolto in una specie
di sacchetto che si riempie pian piano di un liquido che lo protegge
dai rumori e dagli urti e lo fa stare comodo e caldo.
Il bambino anche nell'utero ha bisogno di ossigeno per respirare
e di nutrimento per crescere. Egli è infatti collegato per mezzo
di un piccolo tubicino, il cordone ombelicale, alla placenta,
che è contenuta nel corpo della mamma.
È grazie alla placenta che la mamma nutre il bambino.
La placenta è una specie di spugna che ha il compito di far passare
tutte le sostanze buone dal corpo della mamma a quello del bambino,
e di eliminare invece tutte le sostanze di cui il bambino
non ha più bisogno.

Ci vogliono nove mesi perché l'uovo si trasformi in un bambino pronto per nascere. Questo periodo si chiama gravidanza.
Nei primi tre mesi il piccolo uovo si sviluppa completamente, così, alla fine del terzo mese, nell'utero si è formato un piccolo bimbo grande come una pesca!
Al quinto mese la mamma sente i movimenti del bambino dentro la propria pancia.
Al settimo mese il bambino apre gli occhi, è cresciuto di peso e si è abituato ad ascoltare i movimenti della mamma, i battiti del suo cuore, la sua voce.
Negli ultimi due mesi il bambino si irrobustisce e aumenta di peso: la pancia della mamma, a questo punto, diventa molto grande.

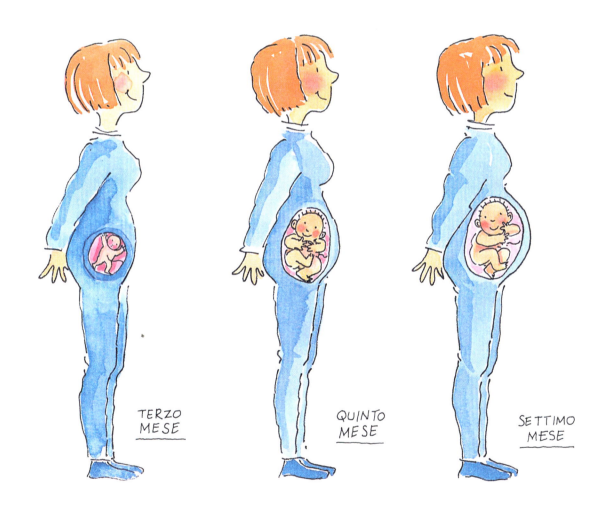

TERZO MESE

QUINTO MESE

SETTIMO MESE

Al nono mese il bambino si prepara per uscire: si mette a testa in giù con braccia e gambe raccolte.

La nascita può avvenire in ogni momento della giornata.

NONO MESE

La mamma si accorge che il momento è vicino quando avverte dei crampi dolorosi alla pancia: è il bambino che spinge verso l'apertura dell'utero.

La testa del bambino è la prima a uscire attraverso la vagina della mamma, poi le braccia, ed ecco che tutto il corpo esce.
La fatica di nascere è finita, la gioia è davvero grande.
Una bambina o un bambino nuovi sono venuti al mondo.

Hai mai visto nascere un cucciolo? Prova a disegnare o a raccontare come è avvenuto.

Disegna come eri nella pancia della mamma.

Cerca tra i tuoi giocattoli un pupazzo o un bambolotto che secondo te è grande proprio come eri tu quando sei nato. Fallo vedere alla mamma o al papà che ti diranno se hai indovinato.

4

Immagina come può essere un bambino appena nato. Cosa fa? Racconta e prova a mimare i suoi gesti come se fossi tu il neonato.

Il piccolo è nato, ha lasciato il suo nido caldo e accogliente nella pancia della mamma e ora ha scoperto la luce del sole e l'aria per respirare.

A chi assomiglio?

Il neonato ora può vivere da solo, e ormai il cordone ombelicale non gli serve più, perciò viene tagliato, ma non gli fa male.
Gli resterà un nodino proprio in mezzo alla pancia: è il suo ombelico!

ESSERE ADOTTATI

A volte un uomo e una donna non possono avere bambini e desiderano accogliere un bambino che è solo. Possono allora adottarne. Quando un bambino viene adottato vuol dire che il suo papà e la sua mamma naturali non hanno potuto tenerlo con sé e hanno pensato che era meglio che vivesse in una famiglia felice. Quando non siamo nati dalla pancia della mamma che ci ha adottato e non abbiamo caratteristiche fisiche uguali al nostro papà, siamo tuttavia vicini al loro cuore. Spesso impariamo a muoverci, a parlare e a sorridere come loro. A volte possiamo venire da paesi lontani e avere anche un diverso colore della pelle, ma siamo felici perché la nostra famiglia è speciale e possiede tante origini diverse.

A chi assomiglia il piccolo neonato?
È difficile dirlo quando si è piccolissimi, ma man mano che si cresce si scoprono alcune somiglianze, per esempio lo stesso colore degli occhi del papà e il colore dei capelli della mamma.

Ogni bambino, infatti, eredita dai propri genitori alcune caratteristiche, come il colore degli occhi, della pelle, la statura, il carattere, la forma delle mani e tante altre cose ancora.

A loro volta i nostri genitori possono aver ereditato dal loro papà e dalla loro mamma le stesse caratteristiche, che fanno assomigliare tra loro i vari membri della stessa famiglia: nonni, figli e nipoti, sempre più indietro nel tempo, e sempre più avanti quando nasceranno altri bambini.

Tutto questo avviene perché nelle cellule, cioè in quelle piccolissime particelle che compongono il nostro corpo, ci sono i cromosomi.

I cromosomi sono dei bastoncini minuscoli, così piccoli
che per vederli dobbiamo usare il microscopio.
Dentro i cromosomi ci sono i geni che si comportano come
dei dischetti registrati: in loro cioè sono riportate esattamente
tutte le caratteristiche che ogni nuovo bambino prenderà
dai genitori, un po' dalla mamma e un po' dal papà.
Prova a pensare a due piattini con tanti tubetti di colore.
Quando unisci due colori, per esempio il blu e il giallo, se ne forma
un altro, nuovo, il verde. Ma puoi mischiare anche il rosso
con il giallo e avrai l'arancione, il nero con il bianco e avrai il grigio.
I geni contenuti nelle cellule sessuali dei nostri genitori sono
moltissimi e possono formare infinite combinazioni diverse.

Perciò anche se ogni nuovo bambino assomiglia a qualcuno
della famiglia, è certo che solo lui sarà il frutto di un'unica
combinazione dei geni del suo papà e della sua mamma.

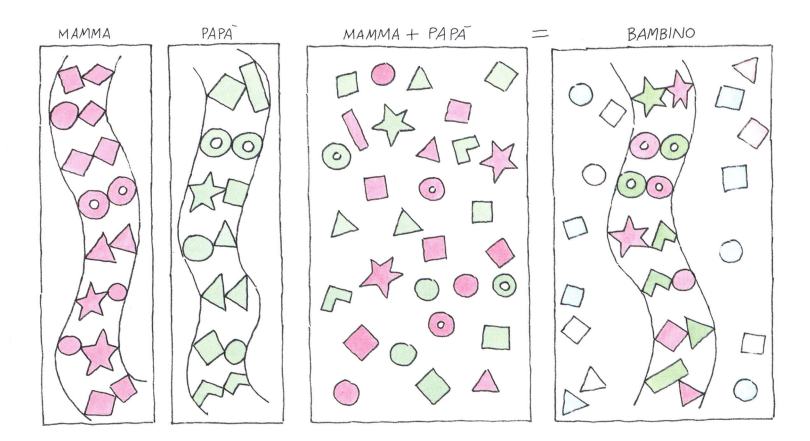

Tutti i bambini, dalla pelle chiara o dalla pelle scura, con il naso come quello del nonno o gli occhi come quelli dello zio, tutti nascono nello stesso modo: da un papà e da una mamma.
Ma sono tutti differenti gli uni dagli altri: ogni nuovo bambino che viene al mondo è unico.

SCHEDA PER GENITORI E INSEGNANTI

Per affrontare il tema della violenza e dell'abuso sessuale
è importante:

- Separare questo momento dal racconto e dai giochi sull'educazione sessuale.

- Rappresentare ai bambini le situazioni proposte dal libro e chiedere alle bambine e ai bambini di dire come si comporterebbero. Aiutarli a scegliere e poi disegnare i comportamenti corretti.

- Diamo qui alcuni indicatori la cui presenza non vuole dire necessariamente che ci sia un abuso, può indicare altri disagi, legati alla separazione dei genitori, alla difficoltà di andare alla scuola materna, al rapporto con i pari. Questi disagi elencati, se forti, segnalano un malessere dei bambini che richiede attenzione, affetto ed è molto importante l'aiuto di una figura professionale specifica (psicologo, pediatra).

Indicatori comportamentali
- improvvisa comparsa di paure dovute alla presenza di estranei o di persone specifiche, paura di stare da soli;
- calo nella capacità di essere attenti, diminuzione nell'interesse, sfiducia nella figura dell'adulto;
- cambiamenti di abitudini, perdita di appetito, perdita dell'autonomia, disturbi del sonno, aumento dell'irritabilità;
- manifestazioni di conoscenze sessuali che non corrispondono all'effettiva età del minore, atteggiamenti da adulti, curiosità sessuali eccessive, giochi sessuali continui;
- manifestazioni di depressione e autocolpevolizzazione.

Indicatori fisici
- segni di lesioni, graffi o morsi;
- infezioni ricorrenti alle vie urinarie;
- difficoltà nel mantenere la posizione seduta o difficoltà di deambulazione;
- disturbi psicosomatici.

Se i bambini segnalano in modo chiaro che non vogliono restare con una persona, accettare le loro proteste, prima di dare per scontato che stanno facendo un capriccio.

PROVA D'ACQUISTO
978-88-04-35821-3
Programma di ed. sessuale
3-6 anni